UNIVERSITÉ DE FRANCE.

ACADÉMIE DE STRASBOURG.

ACTE PUBLIC

POUR LA LICENCE,

PRÉSENTÉ

A LA FACULTÉ DE DROIT DE STRASBOURG,

ET SOUTENU PUBLIQUEMENT

LE MARDI 24 AOUT 1858, A MIDI,

PAR

VICTOR SCHOEN,

DE SAVERNE (BAS-RHIN).

STRASBOURG,

TYPOGRAPHIE DE G. SILBERMANN, PLACE SAINT-THOMAS, 3.

1858.

A MON PÈRE.

A MA MÈRE.

V. SCHŒN.

FACULTÉ DE DROIT DE STRASBOURG.

MM. Aubry ✻, Doyen. . . . . Droit civil français.
Hepp ✻ . . . . Droit des gens.
Heimburger . . . . Droit romain.
Thieriet ✻ . . . . Droit commercial.
Schützenberger ✻. . . . . . . Droit administratif.
Rau ✻. . . . . Droit civil français.
Eschbach . . . . Droit civil français.
Lamache ✻. . . . . Droit romain.
Destrais. . . . . Procédure civile et législation crimin.

M. Blœchel ✻, professeur honoraire.

MM. Lederlin,
Marinier, } professeurs suppléants provisoires.

M. Bécourt, officier de l'Université, secrétaire, agent comptable.

Président de la thèse, **M. Destrais.**

Examinateurs : MM. { Aubry.
Hepp.
Lederlin.

La Faculté n'entend approuver ni désapprouver les opinions particulières au candidat.

JUS ROMANUM.

De acquirendo rerum dominio.

(Dig., lib. XLI, tit. 1.)

Dominium est plena in re potestas : jus utendi, fruendi et abutendi continet, ideòque dicitur jus utendi, fruendi et abutendi re suâ quatenùs juris ratio patitur.

Fuit olim unum dominium vocatum *dominium ex jure quiritium*, et tunc aut ex illo jure unusquisque dominus erat, aut non intelligebatur dominus. Sed posteà divisionem accepit dominium, ut alius possit esse *ex jure quiritium* dominus, alius *in bonis* habere (Gaius, Inst., II, § 40).

Dominium *ex jure quiritium* legitimum etiam appellatur (Varro, *De rusticâ*, lib. 2, cap. 10) id est illud quod legitimo modo quæsitum est velut modis jure civili introductis; dominium *in bonis*, naturale : id est illud quod naturali tantum modo acquisitum.

Hinc res a nobis acquisitæ sunt præcipuis duobus modis, qui sunt aut naturales aut civiles; et quia antiquiùs jus gentium cum ipso genere humano proditum est, opus est ut de hoc priùs referendum sit (Gaius, lib. 2, *Rerum quotid. sive aureorum*).

CAPUT PRIMUM.

DE MODIS ACQUIRENDI DOMINII JURE GENTIUM.

Tres præcipui sunt modi acquirendi dominium jure gentium: *Occupatio, Accessio, Traditio.*

§ 1. *De occupatione.*

Occupatio est apprehensio rei corporalis, quæ aut nullius, aut hostium sit, cum animo eam sibi habendi.

Quod nullius est, id ratione naturali occupanti conceditur. Omnia igitur animalia quæ terrâ, mari, cœlo capiuntur, id est feræ, bestiæ et volucres, pisces, capientium fiunt (Gaius, loc. cit.). Nec interest, quoad feras, bestias et volucres, utrùm in suo fundo quisque capiat, an in alieno : quocumque enim loco feræ sunt, dummodò sint in libertate naturali, nullius sunt. Planè qui alienum fundum ingreditur venandi occupandive gratiâ, potest a domino, si is providerit, jure prohiberi ne ingrediatur (Gaius, loc. cit.). Nam in prædio alieno invitò domino venari non licet (lib. 8, Dig., *De serv. præd. rustic.*, tit. 2), et si quis id fecerit, tenetur actione injuriarum (lib. 47, D., tit. 10, *De injuriâ*). Cœterùm capta fera nihilominùs capientis fit, quia prohibitio conditionem animalis non mutat.

Si fera ante jam capta ab aliquo in naturalem libertatem posteà se receperit, desinit suam esse et rursùm occupantis fieri : nam quod venando per occupationem acquisitum est, id non diutiùs nostrum manet, quàm in potestate nostrâ et custodiâ sit.

Non spe et animo feræ vulneratæ nostræ fiunt, sed manu et occupatione; non potest enim dici feram cepisse, qui spém tantum capiendi habet, cùm multa accidere possint, quæ spem istam frustrentur et ut fera evadat (Inst., lib. 2, tit. 1, § 13).

Etiam non possumus nostras apes esse dicere, quarum fera natura

est antequâm alveo includantur : nam inclusio hæc occupatio est; co-
lumbæ pavonesque qui facilè evolant, nobis esse intelliguntur, donec
animum revertendi habent; nam si revertendi hunc animum habere
desierint, nostros esse desinunt et fiunt occupantium (Inst., lib. 2,
tit. 1, § 15).

Insula quæ in mari nascitur (quod rarò accidit) occupantis fit : nullius enim esse creditur (Gaius, loc. cit.).

Res hostium jure gentium eodem loco sunt, quo res nullius, ac proindè eorum fiunt, qui primi earum possessiònem nacti sunt, et tàm
res immobiles quàm mobiles (Dig. 41, *De acq. rer. dom.*, 2, 1, § 1,
frag. Paul.).

De inventione. — Acquisitionis naturalis et quidem occupationis species est inventio : Sic lapillos et gemmas et cœtera quæ in littore maris
inveniuntur, acquirimus. Sed necesse est, ut possessionem eorum nan-
ciscamur, si mobilia sint, manu apprehendamus; si immobilia, ingre-
diamur.

Si quis in loco suo thesaurum invenerit, totum sibi soli retinebit; si
alius fortuitò, pars dimidia inventoris, pars altera proprietarii erit; sed
si, datâ operâ, in alieno foderit, totum thesaurum domino fundi restituere debet : Quod constitutum est ad coercendam fodientium avari-
tiam (L. unic., Cod. 10, 15, *De thesauris*). Item si usufructuarius
invenerit : quoniam thesaurus in fructu non computatur. Non etiam
dubitandum est, quin si ipse quoque emphyteuta in prædio per emphy-
teusin sibi concesso thesaurum similiter invenerit, totum sibi soli rectè
vindicet. Si in fundo pignorato invenit thesaurum creditor, in alieno
videbitur invenisse : partem itàque sibi, partem debitori præstabit. Si
in locis fiscalibus, vel publicis, religiosisve aut in monumentis thesauri
reperti fuerint, dimidia pars ex his vindicaretur (Dig., lib. 41, *De acquir.
rer. dom.*; tit. 1, frag. Thyphonius; lib. 7, *Disput.*).

§ 2. *De accessione.*

Accessio est modus acquirendi dominii jure gentium vi ac potestate rei nostræ. Ità autem acquirimus : sive quod ex re nostrâ nascitur, sivè quod ei unitur ac consolidatur, sive quod ex eâ conflatur ac conficitur.

Quemadmodum jure gentium dominium quarumdam rerum acquirimus, veluti ferarum per occupationem; ità semel adepto dominio, et vi ac potestate rei, quæ nostra facta est, nostra fiunt : sic quæ ex ancillis aut animalibus dominio nostro subjectis nata sunt.

Conjunctio est cùm res ità junguntur ut cohærent, integrâ manente earum substantiâ, sive ità res alienæ rebus nostris junctè cohæreant, ut iis quasi basibus innitantur, veluti quæ in solo nostro ædificantur, plantantur, seruntur, in chartis nostris aut tabulis scribuntur aut pinguntur.

In conjunctione rerum quæ sic aliis junguntur ut in his tanquàm in subjecto consistant ac sine his esse non possint, uti naturali ratione præstantior existimanda est ea res, quæ per se consistere potest, inferior, quæ imponitur et sine illâ consistere non potest, ità et eâdem ratione fit, ut hæc ab illâ per prevalentiam trahatur, illique ut præstantiori cedat, ac proindè utriusque dominus efficiatur, qui dominus fuerat præstantioris (L., *De rei vendicatione*, c. 52, lib. 3, tít. 32).

Indè omne ædificium, quamvis ex alienâ materiâ, solo impositum, solo cedit (C., loc. cit.); idque sive dominus soli ex alienâ materiâ ædificaverit in suo, sive dominus materiæ ædificaverit in solo alieno.

Sed tamen qui ex suâ materiâ in alieno solo ædificaverit bonâ fide, is, quamvis ædificium, quod posuit, solum sequatur, ac per hoc dominium soli, materiæ proprietatem non amittit et ædificio diruto poterit ipsam materiam vindicare (L., id., C.). Qui autem ex suâ materiâ in alieno ædificavit malâ fide, placet eum proprietatem materiæ amittere, in tantum ut ne diruto quidem ædificio eam vindicare possit : quòd suâ voluntate materiam intelligatur alienâsse, id est donâsse domino soli.

Si ædificator, cujuscumque generis sit, ædes possidet, impensas servare potest per retentionem, oppositâ doli mali exceptione, si dominus ædificium vindicet, non oblatâ restitutione impensarum : quia dolo malo facit et contrâ æquitatem naturalem, qui postulat cum alieno damno et injuriâ fieri locupletior.

Si non possidet, nulla ei actio jure prodita est, quâ pretium materiæ aut sumptus a se factos consequatur.

Si alienam plantam in meo solo posuero, mea erit; si meam plantam in alieno solo posuero, illius erit: si modò utroque casu radices egerit; antequàm enim radices agat, illius permanet cujus et fecit.

Si vicini arborem itâ terrâ presserim, ut in meum fundum radices egerit, meam effici arborem. Rationem enim non permittere, ut alterius arbor intelligatur quàm cujus fundo radices egisset. Et ideò propè confinium arbor posita, si etiam in vicinum fundum radices egerit, communis est pro regione cujusque prædii. Sed si arbor in vicini fundum radices porrexit, recidere eas vicino non licebit, sed agere.

Quâ ratione autem plantæ quæ terræ coalescunt, et frumenta quæ sata sunt, solo cedere intelliguntur.

Litteræ quoque chartis membranisque cedunt, ac solo cedere solent ea quæ ædificantur, aut seruntur. Ideòque si in chartis membranisve tuis carmen vel historiam, vel orationem scripsero : hujus corporis non ego, sed tu dominus esse intelligeris.

Sed si a me petas tuos libros, tuasve membranas, nec impensas scripturæ solvere velis, potero me defendere per exceptionem doli mali : utique si bonâ fide eorum possessionem nactus sim (Gaius, fr. 9, § 1, *De adq. rer. dom.*).

Quod in chartâ meâ scribitur, aut in tabulâ pingitur, statim meum fit : nam necesse est ei rei cedere id quod sine illâ esse non potest (L. 23, § 3, Dig., 6, 1, *De rei vindic.*; Paul, lib. 21, *Ad edictum*). Tamen non uti litteræ chartis membranisve cedunt, itâ solent picturæ, tabulis cedere; sed ex diverso placuit tabulas picturæ cedere (*Instit.*, § 34, tit. 1, lib. 2).

De alluvione. — Per alluvionem quid itâ paulatim et obscurè prædio nostro adjicitur ut sensu percipi non possit quantum quoque temporis momento adjiciatur.

Alluvio non est avulsio, quæ evenit quùm vis fluminis ex tuo prædio detraxerit, meoque attulerit integram terræ partem quæ palàm tua permanet.

Si, toto naturali alveo relicto, flumen aliàs fluere cœperit, prior quidem alveus eorum est, qui propè ripam prædia possident; pro modo scilicet latitudinis cujusque prædii, quæ latitudo propè ripam sit. Quum post aliquod temporis ad priorem alveum reversum fuerit flumen, novus alveus eorum esse incipit, qui propè ripam ejus prædia possident; si cujus totum agrum novus alveus occupaverit, licet ad priorem alveum reversum fuerit flumen, non tamen is cujus is ager fuerat, strictâ ratione quicquam in eo alveo habere potest : quia et ille ager qui fuerat, desiit esse, amissâ propriâ formâ, et quia vicinum prædium nullum habet, non potest ratione vicinitatis ullam partem in eo alveo habere. Aliud est, si cujus ager totus inundatus fuerit; nam inundatio speciem fundi non mutat, et cùm aqua recesserit, palàm est ejusdem esse cujus et fuit.

Insula tribus modis in flumine fit : uno cùm agrum, qui alvei non facit, amnis circumfluit; altero, cùm locum, qui alvei esset, siccum relinquit et circumfluere cœpit; tertio, cùm paulatim colluendo locum eminentem suprà alveum fecit, et eum alluendo auxit. Duobus posterioribus modis privata insula fit cujus ager proprior fuerit, cùm primùm extitit. Nam et natura fluminis hæc est, ut cursu suo mutato, alvei causam mutet. Nec quicquam intersit, utrùm de alvei duntaxat solo mutato, an de eo quod superfusum solo et terræ sit, quæratur : utrumque enim ejusdem generis est. Primo autem illo modo, causa proprietatis non mutatur (lib. 41, Dig., *De acq. rer. dom.;* tit. 30, § 2, fr. Pomp., lib. 34, *Ad. Sabin.*).

Ea omnia, quæ de dominio per alluvionem et alveum exsiccatum et insulam recens natam acquirendo exposuimus, in agris limitatis et paludibus lacubusque non locum habere constant (Dig. 41, tit. 1, lib. 16, *De acq. rer. dom.*, fr. Florent; Dig., lib. 43; tit. 12, 1, §§ 6 et 7, fr. Ulp.; D., 41, 1, 12, fr. Callist.).

De specificatione. — Inter jurisconsultos, alii, id est, Sabiniani existimabant speciem ex alienâ materiâ factam naturali ratione ejus esse qui eam suo nomine fecisset : nam materiæ, quæ extincta sit, nullam porrò rationem haberi posse, sed causæ efficientis duntaxat, et potissimum formæ, cujus susceptione materia in aliam speciem transisset : quæ species cùm anteà nullius esset, ac ne esset quidem, rationem naturalem efficere ut concedenda sit ei, qui ut ea in rerum naturâ sit, fecit, eamque occupavit.

Alii, id est Proculeiani, contrà naturali ratione convenientius esse putabant ut qui materiæ dominus fecisset, idem ejus quoque, quod ex eâ materiâ factum esset, dominus fieret : quippè sine materiâ speciem nullam effici posse : nostrum autem esse id, quod ex re nostrâ factum est. Postremò nihil tam ab æquitate naturali alienum videri, quàm ut id quod nostrum est, sine facto nostro ad alium transferatur.

Inter duas extremas media est sententia : si ea species ad materiam reduci possit, eum videri dominum esse, qui materiæ dominus fuerit; si non possit reduci, eum potiùs intelligi dominum qui fecerit (Dig. 41, *De acq. rer. dom.*, 1, 7, fr. Gaius, *Rer. quotid. sive aureor.....*).

Confusio est cùm duæ materiæ liquidæ inter se et in unum corpus permiscentur, veluti quum vinum cum vino miscetur, argentum cum argento conflatur. Effectus confusionis hic est, ut utrique domino pars alienæ rei vice mutuâ acquiratur, idque vi et potestate rei cujusque, cogente naturâ rem unam mutuò trahere alteram : undè existit totius corporis, quod ex confusione fit, communio.

Omnis confusio fit aut voluntate dominorum aut citrà eam, aut casu, aut voluntate unius tantùm, sive etiam tertii alicujus. Res quæ confunduntur aut sunt unius generis aut diversorum; item aut tales sunt quæ confusæ separari non possunt, aut quæ possunt.

Voluntate dominorum facta confusio sine ullâ rerum distinctione communionem facit. In fortuitâ confusione idem juris est, quod foret, si materiæ dominorum voluntate confusæ essent : nimirùm etiam totum

id corpus, quod ex duorum materiis casu confusis existit, commune
esse eorum, quorum materiæ confusæ sunt, nec referre ejusdem generis materiæ sint, an diversæ et ob id propria species facta sit : nam
quod casu factum est, neminem sibi vindicare posse jure specificationis. .

Sed quid, si nec casu, nec dominorum voluntate, sed ab aliquo,
putà Titio, vel ab uno ex dominis altero ignorante confusio fit? Si quidem verbi causâ Titius vinum Mævii cum suo confuderit, aut cum
vino Sempronii, aliasve ejusdem generis materias miscuerit, adhuc pro-
bandum est, corpus, quod ex eâ confusione fit, Titii et Mævii, aut
Mævii et Sempronii commune esse, quia pristinam speciem continet
et res alium exitum naturaliter reperire non potest. Quod si diversi generis sint, quia hinc novi corporis species existit, ea tota Titii erit jure
specificationis, si ad initia sua reduci non potest; si potest, suum cujusque manebit.

Si res, quæ confunduntur voluntate dominorum, unius generis sunt,
eorum quisque non ampliùs quod suum fuit ante confusionem sepa-
ratim vindicare non potest. Etsi fortè res dividi commodè non possit,
uni totam adjudicabit, eumque vicissim alteri condemnabit in certam
summam pecuniæ.

Commixtio propriè est cum corpora, quæ miscentur, discreta ma-
nent et suam singula speciem retinent : velut si frumentum cum fru-
mento, nummi cum nummis, pecora cum pecoribus inter se miscean-
tur. Si frumentum duorum non voluntate eorum confusum sit, com-
petit singulis in rem actio, in id, in quantum paret in illo acervo suum
cujusque esse. Quod si voluntate eorum commixta sunt, tunc commu-
nicata videbuntur et erit communi dividundo actio (D., lib. 6, *De rei
vindic.*, t. 1, 5, frag. Ulp.).

§ 3. *De traditione.*

Traditio nihil est aliud quàm possessionis rei in aliquem facta translatio.

Hæc vel vera est, quæ naturalis datio appellatur et in re mobili est de manu in manum translatio, in re soli in possessionem inductio; vel ficta.

Qui rem tradit, debet eam possidere et jus hujus alienandæ habere; prætereà mutuum tradentis et accipientis consensum intervenire, traditionem non fieri imaginariè et dicis causâ, oportet.

Traditio nihil ampliùs transferre debet, vel potest ad eum qui accipit, quàm est apud eum qui tradit. Si igitur quis dominium in fundo habet, id tradendo transfert; si non habet, ad eum qui accipit nihil transfert. Ità quum filius tuus res ad te pertinenter, sponsæ suæ, te non consentiente, donavit, ad eam, quod non habuit, transferre non potest (L. 8, t. 54, C., *De donat.*). Item qui unum jugerum pro indiviso solum habuit, tradidit, non totum dominium transtulit, sed partem dimidiam jùgeri; nam nemo plus juris ad alium transferre potest, quàm ipse haberet (L. 54, D., lib. 50, t. 17, *De reg. juris*, frag. Ulp.).

Nemo qui errans in dominio rei suæ, suam esse ignorans, eam pro alienâ tradit, hoc animo est, ut eam transferat.

Non interest utrùm ipse dominus per se tradat alicui rem, an voluntate ejus aliquis, procurator putà, aut creditor, aut etiam alii qui jure pro dominis habentur, ut tutores et curatores (L. 109, D., lib. 50, t. 16, *De verb. signif.;* lib. 5, C., L. 16 et 22, t. 37, *De administ. tutorum*).

Si sciens emam ab eo cui bonis interdictum sit, vel cui tempus ad deliberandum de hereditate ità demum sit, ut ei diminuendi potestas non sit, dominus non ero.

Numquàm nuda traditio transfert dominium; sed ità si venditio, aut aliqua justa causa præcesserit propter quam traditio sequeretur. In traditione quæ fit ex causâ venditionis, quod vendidi non aliter fit accipientis, quàm si aut pretium nobis solutum sit, aut satis eo nomine factum; vel etiam fidem habuerimus emptori, sine ullâ satisfactione (L. 19, D., 18, 1, *De contr. empt.*).

CAPUT II.

DE MODIS CIVILIBUS ACQUIRENDI RERUM DOMINII.

Hi modi sunt : mancipatio, traditio, usucapio, in jure cessio, adjudicatio, lex.

Mancipatio propria species alienationis est, et rerum mancipi : eaque fit certis verbis, libripende et quinque testibus præsentibus.

Traditio propria est alienatio rerum nec mancipi. Harum rerum dominia ipsâ traditione apprehendimus : scilicet si ex justâ causâ traditæ sunt nobis.

Usucapione dominia adipiscimur tam mancipi rerum quàm nec mancipi.

In jure cessio quoque communis alienatio est et mancipi rerum et nec mancipi; quæ fit per tres personas in jure cedentes, vindicantes, addicentes.

Adjudicatione dominia nanciscimur per formulam familiæ erciscundæ quæ locum habet inter coheredes; et per formulam communi dividundo cui locus est inter socios; et per formulam finium regundorum quæ inter vicinos. Nam si judex uni ex heredibus aut sociis aut vicinis rem aliquam adjudicaverit, statim illi acquiritur sive mancipi, sive nec mancipi sit.

Lege nobis acquiritur velut caducum, vel ereptitium, ex lege Papiâ Poppeâ; item legatum, ex lege XII tabularum : sive mancipi res sint, sive nec mancipi.

CAPUT III.

DE FRUCTIBUS BONA FIDE PERCEPTIS.

Ad neutrum horum modorum, de quibus suprà diximus, videtur referri posse acquisitio fructuum ex re alienâ bonâ fide possessâ perceptorum.

Tres causæ sunt, quæ huic acquisitioni locum faciunt : res, quæ acquiritur, persona acquirentis, acquirendi ratio et modus.

Res, quæ acquiritur, fructus est; appellatione fructûs auctores omnem reditum, omnem obventionem, omneque commodum, quod vel ex re nascitur, vel per causam rei percipitur, complectuntur. Hinc nata fructuum divisio in civiles et naturales : Civiles dicuntur qui non ex corpore rei nascuntur, sed extrinsecùs per occasionem rei jure percipiuntur; cujus generis sunt mercedes, usuræ, pensiones, reditus annui (lib. 50, D., L. 121, *De verb. signif.*). Naturales fructus sunt, quos natura ex re ipsâ producit : eorumque duplex item potest esse consideratio : aut enim naturâ solâ, sponte magis quàm diligentiâ hominis proveniunt, ut poma, oleæ, nuces, lignum, fœnum; aut naturâ quidem adjutrice, cœterum facto magis et industriâ hominum : qui, quòd natura non producit, nisi accedat labor et industria hominis, industriales vulgus appellantur : cujusmodi sunt segetes, legumina aliaque in agris sata.

In personâ acquirentis duo exiguntur : ut possideat, hoc est animo et affectu dominantis rem teneat; ut possideat bonâ fide, id est justam causam habeat ob quam existimet rem ad se pertinere (L. 109, *De verb. signif.*, lib. 50, D., t. 16).

Denique modus horum fructuum acquirendorum est perceptio : nec interest an ipse possessor eos percipiat, an alius suo nomine, non possessoris. Percepti autem fructus intelliguntur, simul atque a re quâ tenebantur, separati sunt : in fundo, cùm se terrâ continere desierunt, veluti excessa olea, uva adempta; in animalibus, cùm fœtus editus, lac expressum, lana detonsa est.

Sed quo jure, quâve ratione hæc acquisitio perceptioni tribuitur? Principalis verò ratio in personâ possessoris quærenda : ea est bona fides, quippè quæ facit, ut possessor penè pro domino haberi debeat; et hinc non tantum fructus, sed et cœtera ferè omnia, quæ dominis tribuuntur, eadem tribuuntur et bonæ fidei possessoribus; veluti amissâ possessione actio in rem Publiciana, in his rebus quæ usucapi possunt: item quæ servi alieni et liberi homines bonâ fide possessi ex operis suis aut re possessoris acquirunt.

Si possessor cognoverit rem alienam esse, non sufficit eum ab initio bonâ fide accepisse: nam ex eo tempore, ut bonæ fidei possessor esse desinit, ità quoque ei denegatur fructuum acquisitio : hinc malæ fidei possessor habetur ; ut hic nullum jus in solo habet, ità nec ullos fructus aut percipiendo interim suos facit, aut consumendo lucratur; sed cogitur eum ipsâ re etiam fructus, licet consumpti sint, restituere (L. 22, C., t. 32, *De rei vind.*).

CAPUT IV.

DE PERSONIS PER QUAS DOMINIUM ACQUIRITUR.

Acquiruntur dominia rerum nobis non solùm per nos metipsos, ut suprà diximus, sed etiam per eos quos in potestate habemus, item per servos in quibus usumfructum habemus, itèm per homines liberos et servos alienos quos bonâ fide possidemus.

Igitur quod servi nostri ex traditione nanciscuntur, sive quid stipulentur, vel ex quâlibet aliâ causâ acquirunt, id nobis invitis acquiritur : ipse enim qui in potestate alterius est, nihil suum habere potest. Si servus plurium sit pro dominii portione legatum rei relictum acquiret (L. 50, D., L. 30, t. 1, *De legatis*, fr. Ulp.). Communis servus, si ex re alterius dominorum acquisierit, nihilominùs commune id erit.

De his servis in quibus tantùm usumfructum habemus, ità placuit, ut quidquid ex re nostrâ, vel ex operis suis acquirant, id nobis acquiratur. Si quid verò extrà eas causas persecuti sint, id ad dominum proprietatis pertinet. Itàque, si is servus héres institutus sit, legatumve quid aut ei donatum fuerit, non mihi, sed domino proprietatis acquiritur.

Nec possessio per servum, qui pignori datus est, creditori acquiritur ; quòd is solus possessor per servum acquirit, qui eum civiliter, ex justâ causâ, bonâ fide possidet.

Qui bonâ fide alicui servit, sive servus alienus est, sive homo liber est, quidquid ex re ejus cui servit acquirit, ei acquirit cui bonâ fide servit : sed etsi quid ex operis suis acquisierit, simili modo ei acquirit.

Per extraneam personam, id est juri nostro non subjectam, regulariter nobis acquiri non potest. Attamen ea quæ civiliter acquiruntur, per eos qui in potestate nostrâ sunt, acquirimus, veluti per procuratorem, qui nobis etiam ignorantibus possessionem acquirit (lib. 41, D., L. 13, *De rer. acq. dominio*, fr. Neratius).

DROIT CIVIL FRANÇAIS.

De la Propriété.

(Art. 544-577.)

Nous n'avons pas à nous occuper ici des différents modes universels d'acquérir la propriété énumérés dans l'art. 711, mais seulement des modes particuliers, de l'occupation et de l'accession, dont nous développerons les règles, après avoir déterminé les caractères essentiels de la propriété.

« La propriété est le droit de jouir et disposer des choses de la manière la plus absolue, pourvu qu'on n'en fasse pas un usage prohibé par les lois ou par les règlements. » Telle est la définition que nous donne l'art. 544, de laquelle il résulte que le droit de propriété est absolu et exclusif.

Le premier de ces deux caractères, dont l'un ne saurait exister sans l'autre, confère au maître sur sa chose le pouvoir : 1° d'en jouir ; 2° d'en abuser, c'est-à-dire de la dénaturer, contrairement au droit romain, qui n'en admettait pas la destruction ou l'usage immodéré ; enfin 3° d'en user, que notre article ne mentionne pas.

Le caractère de l'exclusion confère au propriétaire le droit d'interdire aux autres l'usage de sa chose, de la revendiquer, de réprimer les troubles qu'on voudrait apporter à sa jouissance ou à sa disposition.

Quoique absolu et exclusif, le droit de propriété, d'après le principe posé dans l'art. 537, ainsi conçu : « Les particuliers ont la libre disposition des biens qui leur appartiennent, sous les modifications établies par les lois, » peut se trouver restreint dans l'un ou l'autre de ses caractères. Il l'est dans son caractère exclusif, d'abord par l'art. 545, qui s'exprime en ces termes : « Nul ne peut être privé de sa propriété, si ce n'est pour cause d'utilité publique et moyennant une juste et préalable indemnité. » Ce droit extraordinaire de dépouiller un propriétaire est l'objet d'une loi spéciale (3 mai 1841) qui forme le droit commun en matière d'expropriation pour cause d'utilité publique. Elle organise une procédure particulière qui consiste : 1° dans la déclaration d'utilité publique prononcée, soit par une loi, soit par une ordonnance, et la désignation des propriétés soumises à l'expropriation ; 2° dans la prononciation de l'expropriation par l'autorité judiciaire, s'il n'intervient pas de convention amiable entre l'administration et le propriétaire ; 3° dans la fixation de l'indemnité faite par un jury qui a pour directeur un juge commis par le tribunal ; puis par l'art. 682, relatif au droit de passage. Dans son caractère absolu, il l'est par l'art. 1594, qui défend au mineur et à l'interdit d'aliéner ou d'hypothéquer leurs immeubles ; par l'art. 217, qui défend à la femme mariée d'aliéner les siens sans l'autorisation de son mari ; par l'art. 513, qui impose la même défense à celui qui est pourvu d'un conseil judiciaire ; par les art. 578 et suivants (*De l'usufruit, de l'usage et de l'habitation*) et par des lois particulières, telles que le décret du 9 décembre 1811, qui défend d'élever aucun bâtiment, clôtures ou autres constructions, de quelque nature qu'elles puissent être, dans le rayon kilométrique des places de guerre ; les lois relatives à la culture des tabacs (28 avril 1816, 12 février 1835, 23 avril 1840) ; enfin par le Code forestier, qui défend aux propriétaires de bois de les défricher sans autorisation, de détourner sous aucun prétexte les arbres marqués sur leurs propriétés pour le service de la marine, etc. (loi du 11 mai 1827).

I. DE L'OCCUPATION.

L'occupation est un moyen d'acquérir la propriété par le seul fait de la prise de possession d'une chose qui n'appartient à personne.

Notre Code ne l'admet pas comme un moyen d'acquisition ; car, aux termes des art. 539 et 713, tout ce qui n'a pas de maître appartient à l'État. Néanmoins, l'occupation constitue un véritable moyen d'acquérir, en ce sens qu'il est permis de s'approprier par la possession certaines choses, savoir : celles que l'on prend sur l'ennemi, en tant qu'il est permis de faire le butin ; celles qui sont rejetées par la mer, que l'on appelait autrefois épaves maritimes ou varech, et les plantes qui croissent sur son rivage (art. 717), pourvu que l'on se conforme aux règlements rendus à ce sujet (ord. de la marine, 1681, liv. IV, tit. IX ; loi du 9-24 août 1791, tit. I, art. 3 et 6, tit. V, art. 1er) ; celles qui sont perdues ou égarées et celles volontairement abandonnées par le propriétaire ; le trésor, c'est-à-dire toute chose cachée ou enfouie sur laquelle personne ne peut justifier sa propriété et qui est découverte par le pur effet du hasard (art. 716). Il appartient par moitié à celui qui le découvre et au propriétaire du fonds dans lequel il était enfoui ; si la découverte a eu lieu par un ouvrier chargé de faire des fouilles ou par un tiers qui en aurait fait sans l'autorisation du propriétaire, la propriété de la chose trouvée ne peut être invoquée ni par l'un ni par l'autre. Il en serait autrement dans le cas où l'ouvrier travaillait sur le fonds d'autrui : il a droit à la moitié du trésor qu'il a découvert sans avoir été spécialement chargé de le rechercher ; le gibier, puisque aujourd'hui tout propriétaire a le droit de chasse sur ses terres, en se conformant néanmoins aux lois qui en règlent l'exercice (loi des 28-30 avril 1790) ; le poisson que l'on prend dans la mer, dans les fleuves et rivières qui s'y jettent, jusqu'aux limites de l'inscription maritime, en se conformant, comme précédemment, aux règlements qui existent à l'égard de la pêche (ord. de la marine du mois d'août 1681, celles des

14 août 1816 et 4 janvier 1822, celle du 13 février 1815 et du 20 novembre 1821 ; lois du 17 floréal an X, du 15 avril 1829 sur la pêche fluviale) ; enfin, les essaims d'abeilles qui appartiennent au maître du fonds sur lequel ils viennent s'abattre si le propriétaire des abeilles ne les poursuit pas (loi des 28 septembre au 6 octobre 1791, tit. I, sect. III, art. 5 ; Zachariæ, t. 1, § 200).

II. DE L'ACCESSION.

« La propriété d'une chose, soit mobilière, soit immobilière, donne droit sur tout ce qu'elle produit et sur tout ce qui s'y unit soit naturellement, soit artificiellement. Ce droit s'appelle droit d'accession » (art. 546).

L'accession est-elle ou non un moyen d'acquérir ? Cette question a donné lieu à de vives controverses tant entre les commentateurs des lois romaines qu'entre les jurisconsultes français. Quant aux rédacteurs du Code, rien ne prouve qu'ils n'ont admis l'affirmative, et en cela ils ont suivi les principes du droit romain.

Le Code distingue d'abord le droit d'accession sur ce qui est produit par la chose du droit d'accession sur ce qui s'unit et s'incorpore à la chose, et il considère cette seconde espèce relativement aux choses mobilières et relativement aux choses immobilières, parce que les règles ne sont pas les mêmes dans les deux cas.

1° DU DROIT D'ACCESSION SUR CE QUI EST PRODUIT PAR LA CHOSE.

Tout ce qui naît et renaît d'une chose s'appelle fruit : *fructus est quidquid ex re nasci et renasci solet.*

On distingue les fruits naturels, les fruits industriels et les fruits civils.

Les fruits naturels sont ceux que la terre produit spontanément sans le secours de la culture, tels que le bois, le foin, la plupart des fruits des arbres.

3

Les fruits industriels d'un fonds sont ceux qu'on obtient par la culture, ceux que la terre ne produit pas sans le travail ou l'industrie de l'homme, tels sont les blés, les légumes; comme les premiers, ils s'acquièrent dès l'instant où ils sont séparés de la chose frugifère.

Les fruits civils sont ceux qui ne sont réputés tels que par la disposition de la loi : tels sont les loyers des maisons, les intérêts des sommes exigibles, les prix des baux à ferme; ils ne s'acquièrent que jour par jour (Demolombe, t. 9; Toullier, t. 3).

Ces diverses espèces de fruits, ainsi que le croît des animaux, appartiennent au propriétaire (art. 547) si lui-même a fait ou fait faire sur la chose les travaux et les impenses nécessaires afin de les obtenir. Mais lorsque ces travaux et ces impenses ont été faits par un tiers, c'est-à-dire par un étranger qui n'avait aucun titre pour percevoir les fruits, il faut distinguer si les fruits au moment de la revendication, sont encore renfermés dans le corps de la chose, ou s'ils en sont déjà séparés. Dans le premier cas, le propriétaire de la chose ne devient maître des fruits qu'à la charge de rembourser les frais de labour, travaux et semences faits par ce tiers (art. 548). D'après le principe que nul ne doit s'enrichir aux dépens d'autrui : *hoc fructuum nomine continetur, quod justis sumptis deductis superest* (L. 1, C., *De fructibus*). Dans le second cas, une distinction importante doit être faite entre le possesseur de bonne foi et le possesseur de mauvaise foi.

Le simple possesseur ne fait les fruits siens que dans le cas où il possède de bonne foi (art. 549); et il est de bonne foi, quand il possède comme propriétaire, en vertu d'un titre translatif de propriété dont il ignore les vices (art. 550). Le titre, cependant, n'est pas une condition distincte de la bonne foi; il n'en est qu'un moyen de preuve ou élément de cette dernière (arr., Angers, 9 mars 1825). Il faut conclure de là que celui qui possède en vertu d'un titre translatif de propriété, une chose à laquelle ce titre ne s'applique pas en réalité, peut cependant, à raison de la croyance contraire dans laquelle il se trouve, acquérir les fruits qu'il recueille. Ainsi, par exemple, l'héritier fait siens les fruits de la chose qu'il possède de bonne foi, comme dépendant de l'hérédité, quoiqu'elle n'en fasse réellement pas partie; ainsi encore, l'héritier apparent fait siens les fruits provenant d'une hérédité à laquelle il se croyait appelé et dont il est plus tard évincé. D'ailleurs, la question de bonne foi doit être envisagée d'une manière distincte, par rapport à la personne de chacun des possesseurs qui se sont succédé. Aussi l'héritier de bonne foi peut acquérir par la perception les fruits d'une chose que son auteur possédait de mauvaise foi (Delvincourt, art. 550; *contrariò*, arrêt, Caen, 25 juillet 1826, Sir., XXVIII, 2, 131), et *vice versâ*, celui qui connaît les vices de son titre ne peut se prévaloir de la bonne foi de son prédécesseur.

Quant aux vices dont le titre peut être entaché, qu'ils soient de fond ou de forme, qu'ils entraînent une nullité relative ou une nullité absolue, il n'en est aucun qui fasse par lui-même obstacle au gain des fruits, parce qu'il n'en est aucun que la loi présume nécessairement connu du possesseur. Ce principe s'applique même aux vices résultant d'une violation formelle de la loi qui, par suite d'une erreur de droit, est restée inconnue à ce dernier (Aubry et Rau, 1). La question de bonne foi, c'est-à-dire celle de savoir si le possesseur ignorait ou non les vices dont se trouve entaché son titre, doit, du reste, être appréciée par les magistrats d'après les circonstances particulières de chaque espèce et eu égard à la position relative et individuelle du possesseur (Demolombe, t. 9).

Quels fruits le possesseur de bonne foi fait-il siens? Tous, non-seulement les fruits industriels, mais encore les fruits naturels et civils (Pothier, *De la propr.*, n° 337), pourvu qu'il les ait perçus pendant la durée de la possession.

L'art. 549 ajoute que « le possesseur cesse d'être de bonne foi du moment où les vices de son titre lui sont connus »; ce qui peut arriver soit par une demande en justice ou par une citation en conciliation suivie d'une demande en justice (C. Nap., art. 2245; C. de pr., art. 57; arrêt, Bordeaux, 14 août 1809; Sirey, II, 85); soit par une sommation extrajudiciaire, soit par tout autre moyen, même étranger au véritable propriétaire. Dès lors il est considéré comme possesseur de mauvaise foi et « tenu de rendre les produits avec la chose au propriétaire qui la revendique (art. id.) » mais contre le remboursement tant des frais qu'il a faits pour obtenir les fruits (art. 548), que de ceux qu'il a faits pour réaliser leur valeur, tels que frais de transport et d'octroi (Cass., 15 janvier 1839; Devill., 1, 97), d'entretien, d'impôts (Duranton, t. 4, n° 349; lib. V, D., *De petitione hered.*, t. 3, L. 36, § 5).

2° DU DROIT D'ACCESSION SUR CE QUI S'UNIT ET S'INCORPORE A LA CHOSE.

L'art. 551 pose le principe général que « tout ce qui s'unit et s'incorpore à la chose appartient au propriétaire suivant les règles qui seront ci-après établies. » Ces règles se rapportent : 1° au droit d'accession relativement aux choses immobilières; 2° au droit d'accession relativement aux choses mobilières.

Nous les développerons dans l'ordre ci-dessus indiqué, qui est du reste celui du Code.

I. *Du droit d'accession relativement aux choses immobilières.*

Ce droit s'applique : 1° aux constructions et plantations; 2° aux alluvions et attérissements; 3° aux îles qui se forment dans les fleuves ou rivières; 4° à l'abandon qu'un fleuve ou une rivière fait de son lit; 5° enfin à certains animaux qui, par l'habitude qu'ils contractent de demeurer dans un fonds et par l'espèce de domicile qu'ils y établissent, en deviennent en quelque sorte des accessoires.

1° *Du droit d'accession quant aux constructions et plantations.* — Le principe de cette matière est que « la propriété du sol emporte la propriété du dessus et du dessous » (art. 552). Plusieurs conséquences importantes en découlent : 1° le propriétaire peut faire au-dessus toutes les plantations et constructions qu'il juge à propos, sauf les exceptions établies au titre des servitudes ou services fonciers; il peut faire au-dessous toutes les constructions et fouilles qu'il jugera à propos, et tirer de ces fouilles tous les produits qu'elles peuvent fournir, sauf les modifications résultant des lois et règlements relatifs aux mines (loi du 21 avril 1810) et des lois et règlements de police (art. 552); 3° les constructions, travaux et plantations sur son terrain sont présumés faits par lui et à ses frais si le contraire n'est prouvé (art. 553). En effet, il peut arriver qu'un tiers ait acquis ou pourrait acquérir par prescription la propriété, soit d'un souterrain sous son bâtiment, soit de toute autre partie du bâtiment (art. 553); ce tiers, qu'il soit de bonne ou de mauvaise foi, mais autre cependant qu'un détenteur précaire, comme fermier, locataire, pourra prouver, d'après les principes généraux admis en matière de preuve, c'est-à-dire par les mémoires des ouvriers, les traités des architectes, et même par témoins, que les travaux ont été faits par lui et à ses frais. Cette preuve donne lieu à une indemnité dans les deux hypothèses suivantes :

Première hypothèse : « Le propriétaire du sol qui a fait des constructions, plantations ou autres ouvrages avec des matériaux qui ne lui appartenaient pas, doit en payer la valeur; il peut aussi être condamné à des dommages-intérêts, mais le propriétaire des matériaux n'a pas le droit de les enlever» (art. 554). Cette interdiction a été empruntée à la loi 1, princ., Digeste, *De tigno juncto*, et s'applique aux constructions comme aux plantations, contrairement aux principes du droit romain, où les plantations étaient régies par la règle que tant que l'arbre de l'un planté sans sa participation sur le sol de l'autre n'y avait pas encore pris racine, le maître pouvait le revendiquer. Contrairement aux mêmes principes, les rédacteurs du Code n'ont pas admis la revendication des matériaux s'ils sont séparés du sol, car le propriétaire en perd absolument sa propriété par l'emploi qui en a été fait (Ducaurroy, Bonnier et Roustaing, t. 2, art. 554, n° 109; Chavot, *De la propr. mobil.*, t. 2, n° 531; *contrà :* Marcadé, t. 2, art. 554).

Deuxième hypothèse : « Lorsque les constructions, plantations et

ouvrages ont été faits par un tiers et avec ses matériaux, le propriétaire du fonds a droit, ou de les retenir, ou d'obliger ce tiers à les enlever, etc. (art. 555). La rédaction de cet article est assez vicieuse ; car,
au lieu d'indiquer dans la première partie l'importante distinction
entre la bonne ou mauvaise foi du tiers, il ne l'indique que dans le
dernier alinéa, qui même n'y a été ajouté que sur les observations de
la section de législation du Tribunat (Fenet, t. 11, p. 94 et 100). — Si
le constructeur est de bonne foi, le propriétaire de l'immeuble ne peut
demander la suppression des travaux; mais il a le choix de rembourser
la valeur des matériaux et de la main-d'œuvre, ou de payer une somme
égale à celle dont le fonds a augmenté de valeur (art. 555). Dans le
cas où il n'aurait pas le moyen de payer cette plus-value, on la rem-
placerait par une rente hypothéquée sur le fonds (Pothier, *Dr. de propr.*,
n° 347).

Si le tiers, au contraire, est de mauvaise foi, le propriétaire peut
demander, soit la suppression des travaux avec des dommages-intérêts
pour le préjudice qu'il aurait éprouvé, soit leur conservation, à charge
de rembourser le prix des matériaux et de la main-d'œuvre, obligation
dont il ne peut se libérer en offrant la mieux-value de l'immeuble
(art. 555). D'après cela, on voit que le possesseur de mauvaise foi est
généralement mieux traité que le possesseur de bonne foi, parce que
ordinairement la plus-value ne s'élève pas au montant des dépenses
(Duranton, t. 4; *contrà* Marcadé, t. 2, Demolombe, t. 9).

La règle de l'art. 555 s'applique également aux constructions et
plantations faites par un fermier sur le fonds loué : le propriétaire peut,
ou les lui faire enlever, ou lui rembourser ses dépenses; car ce fermier
est évidemment de mauvaise foi, puisqu'il ne possédait pas en vertu
d'un titre translatif de propriété. Nous en dirons autant de l'usufruitier.
Cette dernière décision a été fort controversée et résolue même dans
le sens contraire (Proudhon, t. 3, n° 1441; Bourges, 24 février 1837;
Cour de Paris, du 10 juin 1823; rejet de la Cour de cassation, du
23 mars 1825); d'après les errements du droit romain, où il était de

principe que l'usufruitier ne pouvait jamais rien réclamer contre le nu propriétaire pour les constructions et autres améliorations, et qu'il ne pouvait non plus les enlever (D., L. 7, t. 1, p. 15); d'après notre ancien droit où la même règle a été unanimement suivie (Ferrière, *Coutume de Paris*, art. 262; Domat, *De l'usufruit*, n° 19; Pothier, *Du douaire*, n° 276.; enfin, d'après l'art. 599, qui déclare que l'usufruitier ne peut, à la cessation de l'usufruit, réclamer aucune indemnité pour les améliorations qu'il prétendrait avoir faites, encore que la valeur de la chose en fut augmentée. Mais la négative n'est pas admissible; car, en comparant la rédaction de chacun des art. 555 et 599 entre eux, nous voyons que dans l'un on parle d'ouvrages donnant lieu à la répétition, du droit d'enlèvement ou du montant des dépenses accordé à tout individu de mauvaise foi pour les plantations, constructions et autres ouvrages considérables et apparents; dans l'autre, de travaux pour lesquels la répétition n'est pas admise, c'est-à-dire les améliorations comme engrais de terres, meilleure disposition des lieux, etc.; en effet, devant jouir en bon père de famille, on suppose que l'usufruitier fait, en améliorant la chose, ce que le propriétaire eût fait lui-même, et qu'il ne l'a fait que dans son intérêt pour obtenir de plus grands produits, dans lesquels il a trouvé une compensation de ses impenses. Du reste, si l'art. 599 avait parlé des constructions, il aurait contredit et renversé la règle nouvelle portée dans la première partie de l'art. 555 (Fenet, t. 11, p. 222).

La circonstance qu'un tiers aurait construit sur le fonds d'autrui avec des matériaux appartenant à une tierce personne, ne changerait rien aux rapports ci-dessus expliqués, qui existent entre le constructeur et le propriétaire du terrain; les matériaux deviennent également la propriété de ce dernier par leur accession au sol : « *accessorium cedit principali.* »

2° *Des alluvions et attérissements.* — Il ne faut pas confondre l'alluvion avec l'attérissement. Ce mot attérissement est générique et il exprime les différentes manières dont un amas de terre peut se former

dans un cours d'eau, savoir 1° soit imperceptiblement et insensiblement tellement qu'il serait pour ainsi dire impossible de déterminer
qu'elle est la partie de terre qui a été ajoutée dans tel ou tel temps;
2° soit subitement et tout d'un coup; 3° soit sur le bord même de la
rive; 4° soit au-dessus du lit sans adhérence aux fonds riverains. La
première manière porte le nom spécial d'*alluvion*, qui n'est donc
qu'une espèce d'attérissement; les autres manières s'appellent îles ou
îlots ou conservent même le nom générique d'attérissement (Nouveau
Denizart, v° *Alluvion*, § 2, n° 2; et v° *Attérissements*, § 1, n° 2).

L'alluvion proprement dite peut se former de deux manières différentes, qui sont indiquées, l'une dans l'art. 556, l'autre dans l'art. 557.

1° « Les attérissements et accroissements qui se forment successivement et imperceptiblement aux fonds riverains d'un fleuve ou d'une
rivière s'appellent *alluvion*. L'alluvion profite au propriétaire riverain,
soit qu'il s'agisse d'un fleuve ou d'une rivière navigable, flottable ou
non, à la charge, dans le premier cas, de laisser le marche-pied ou
chemin de halage conformément aux règlements » (art. 556). Ce chemin
continue d'appartenir aux riverains; cette partie du bord est seulement
grevée d'une servitude d'utilité publique pour les besoins de la navigation (art. 650). D'où il suit que le fonds riverain n'est pas séparé du
cours d'eau, qu'il a pour abornement la limite même de son lit et qu'il
profite du droit d'alluvion (Daviel, *Des cours d'eau*, t. 1, n° 129; contrà: Proudhon, *Du domaine public*, n° 744).

2° « Il en est de même des relais que forme l'eau courante qui se re-
tire insensiblement de l'une de ses rives en se portant sur l'autre; le
propriétaire de la rive découverte profite de l'alluvion sans que le riverain du côté opposé y puisse venir réclamer le terrain qu'il a perdu. —
Ce droit n'a pas lieu à l'égard des relais de la mer » (art. 557). En effet,
le rivage appartenant à l'État, les parties de terre que la mer laisse à
découvert en se retirant, doivent lui appartenir aussi par droit d'accession.

Le même droit n'a pas lieu également à l'égard « des lacs et étangs, dont le propriétaire conserve toujours le terrain que l'eau couvre quand elle est à la hauteur de la décharge de l'étang, encore que le volume de l'eau vienne à diminuer. Réciproquement, le propriétaire de l'étang n'acquiert aucun droit sur les terres riveraines que son eau vient à couvrir dans les crues extraordinaires » art. 558 (Nouveau Denizart, v° *Alluvion*, § 1, n° 4).

Un lac est une vaste étendue d'eau réunie dans un terrain creux, œuvre de la nature et de la disposition des lieux et qui n'est pas généralement susceptible d'être desséchée.

Un étang est un amas d'eau réunie dans un terrain en pente et contenue à l'aide de digues ou de chaussées.

Chacun peut établir un étang dans son fonds, pourvu qu'il ne dispose que de son sol et de ses eaux (Coutume d'Orléans, art. 170), et qu'il exécute les travaux nécessaires pour que les propriétés riveraines n'en éprouvent point de dommage. Dans le cas où elles auraient éprouvé un dégât provenant du vice des ouvrages faits pour l'établissement ou la réfection de l'étang, soit du défaut d'entretien ou de réparation, les propriétaires riverains ont une action en dommages-intérêts (art. 1383; arrêt, Cass., 23 janvier 1819; id., 23 mai 1831; id., 16 février 1832). Il n'est pas même besoin que le dommage soit déjà causé pour que les propriétaires riverains puissent actionner le maître de l'étang, afin qu'il fasse les travaux nécessaires pour prévenir le préjudice dont ils sont menacés (Duranton, t. 4, n° 408; Toullier, t. 3, n° 138).

Si l'étang a été établi conformément aux règles de l'art et que les ouvrages au moyen desquels il a été formé soient ensuite maintenus en bon état d'entretien et de réparation, les propriétaires des fonds riverains ont également l'action en indemnité, lorsque le dommage provient des crues ordinaires et périodiques; mais ils ne l'ont pas, s'il provient des crues extraordinaires et accidentelles, qui constituent un cas de force majeure.

La disposition de l'art. 558, *in fine*, s'applique aussi aux fonds riverains des canaux de navigation, des rivières canalisées, c'est-à-dire de celles dont les eaux ne coulent plus entre leurs rives naturelles et ont été renfermées dans un canal pratiqué de main d'homme.

Dans le cas où c'est une voie publique qui borde le cours d'eau, la même disposition est applicable : l'alluvion ne profite pas aux terres riveraines qui se trouvent de l'autre côté de la voie, mais à celle-ci seule, c'est-à-dire à l'État, au département ou à la commune (arrêt, Cass., Dalloz, 15 février 1836, 1, 103; id., 12 décembre 1833, Dalloz, 1, 102; Toulouse, 26 novembre 1833, Dalloz, 2, 120).

L'alluvion ne se formant que par un accroissement insensible ou par le retrait du cours de l'eau qui se reporte du côté opposé, il s'ensuit qu'elle n'a pas lieu si un fleuve ou une rivière navigable ou non enlève par une force subite une partie considérable et reconnaissable d'un champ riverain et la porte vers un champ inférieur ou sur la rive opposée; dans ce cas, le propriétaire de la partie enlevée peut réclamer sa propriété, mais il est tenu de former sa demande dans l'année; après ce délai il n'est plus recevable, à moins que le propriétaire du champ auquel la partie enlevée a été unie, n'eût pas encore pris possession de celle-ci (art. 559).

Si, au lieu d'une juxtaposition, c'était une superposition, c'est-à-dire une partie de terrain apportée sur un champ, il y aurait lieu au droit d'alluvion, comme dans le cas d'accroissement insensible, sauf au propriétaire à enlever ses terres.

3º *Des îles, îlots et attérissements qui se forment dans les fleuves ou rivières.* — Une île, en général, est une portion de terre ferme entourée de tous côtés par les eaux.

Quand une île est très-petite, on lui donne le nom d'îlot. Les îles et îlots prennent le nom d'attérissements, quand, au lieu d'être des portions du lit que l'eau laisse à découvert, ce sont des amas de terre que le courant a charriés et amoncelés jusqu'au-dessus de la surface de l'eau.

Les îles, îlots et attérissements qui se forment dans le lit des fleuves ou rivières navigables ou flottables, appartiennent à l'État s'il n'y a

titre ou prescription contraire (art. 560). En effet, l'État étant propriétaire du fleuve ou de la rivière, il doit profiter de ce qui s'y unit par
accession.

Quant aux îles, ilots et attérissements qui se forment dans les rivières non navigables ni flottables, ils appartiennent aux propriétaires
riverains du côté où ils se sont formés; s'ils ne se sont pas formés d'un
seul côté, ils appartiennent aux propriétaires riverains des deux côtés
à partir de la ligne qu'on suppose tracée au milieu de la rivière
(art. 561).

Dans la législation romaine, la distinction entre les fleuves ou rivières navigables ou flottables et ceux qui ne l'étaient pas n'était pas
admise; elle attribuait toujours aux riverains la propriété des îles nées
dans les fleuves même publics (Justin., *De rerum divis. et qual.*, § 22),
parce qu'elle supposait que le lit du fleuve est une partie intégrante
des fonds qui le touchent, usurpée sur les propriétaires par le cours
de l'eau.

La disposition de l'art. 561 ne s'applique pas au cas où une rivière
ou un fleuve, en se formant un bras nouveau, coupe et embrasse le
champ d'un propriétaire riverain et en fait une île; ce propriétaire conserve la propriété de son champ encore que l'île serait formée par le
cours d'un fleuve ou d'une rivière navigable ou flottable (art. 562).

4° *Du lit abandonné.* — Le droit romain attribuait l'ancien lit
aux riverains (*Instit. de rer. divis.*, § 23; L. 1, § 7, Dig., *De flumine*),
même lorsqu'il s'agissait d'un fleuve. La même décision paraît avoir
été admise par la jurisprudence française sous l'ordonnance de 1669.
D'après le projet du Code civil (art. 22 et 23 du titre II, livre II), le lit
abandonné n'était attribué aux propriétaires des héritages nouvellement
occupés que lorsqu'il s'agissait d'une rivière navigable et flottable.

Cette distinction n'est pas admise par l'art. 563, ainsi conçu : « Si un
fleuve ou une rivière navigable, flottable ou non, se forme un nouveau
lit, les propriétaires des fonds nouvellement occupés prennent, à titre
d'indemnité, l'ancien lit abandonné, chacun dans la proportion du

terrain qui lui a été enlevé. » Cette assimilation des cours d'eau est généralement critiquée ; car elle est contraire aux principes purs du droit, d'après lesquels l'État devrait avoir le lit abandonné si la rivière était navigable ou flottable, et les riverains si elle ne l'était pas.

En cas d'inondation, soit passagère, soit prolongée, soit partielle, soit totale, le propriétaire, en droit romain comme en droit français, garde son droit de propriété (L. 7, § 6, Dig., *De acquir. rer. dom.;* L. 1, § 9, Dig., *De flum.;* Proudhon, *De l'usufruit,* n° 2251; Daviel, t. 1, n°ˢ 50 et 147).

5° *Du droit d'accession relativement aux pigeons, lapins et poissons.* — Ces animaux, n'étant ni tout à fait sauvages ni tout à fait domestiques, ne sont pas l'objet immédiat et direct de la propriété de l'homme; mais ils deviennent sa propriété cependant comme accessoires d'une autre propriété dans laquelle ils se sont établis et pour ainsi dire domiciliés (Pothier, *De la communauté,* n° 43). En effet, l'art. 564 nous dit que « les pigeons, lapins, poissons, qui passent dans un autre colombier, garenne ou étang, appartiennent au propriétaire de ces objets, pourvu qu'ils n'y aient point été attirés par fraude et artifice. » Ce texte, dans son sens naturel, semblerait dire que le propriétaire du colombier, de la garenne ou de l'étang ne sera propriétaire des nouveaux pigeons, lapins ou poissons qu'autant qu'il ne les aurait pas attirés par fraude et artifice. Mais c'est une erreur; car, de quelque manière que ces animaux soient venus, ils appartiennent au propriétaire du moment qu'ils sont habitués au nouveau fonds et qu'ils y ont fixé leur demeure. Seulement, quand il y a eu ainsi fraude du propriétaire, il est passible de dommages-intérêts, sans préjudice des peines portées par les lois contre ce genre de délit (Duranton, t. 4, n° 428; Marcadé, t. 2, art. 564; Zachariæ, t. 1, p. 429; Ph. Dupin, *Encycl. du droit,* v° *Accession,* n° 27; Pothier, *Dr. de propr.,* n° 167; *contrà :* Demolombe, t. 10, n° 178; Faure, *Rapport au Tribunat ;* Locré, t. 8, p. 187).

La même règle s'applique aux lièvres, chevreuils, cerfs et autres animaux qui, quoique renfermés dans des parcs ou enclos, y jouissent de leur liberté naturelle, bien que restreinte.

II. *Du droit d'accession relativement aux choses mobilières.*

L'union de choses mobilières appartenant à plusieurs peut se présenter dans des circonstances si nombreuses et si variables, qu'il était impossible de soumettre cette matière à des principes absolus.

La décision de chaque affaire est donc abandonnée par le législateur lui-même à l'application que devront faire les tribunaux des règles de l'équité naturelle (art. 565). C'est seulement pour guider le juge dans cette application et par forme d'exemples que sont tracées les règles des art. 566 à 574.

Ces règles ne s'appliquent qu'au cas où l'union ou la transformation des choses se sont effectuées sans le consentement des propriétaires, ou de mauvaise foi, ou sur des choses volées ou perdues; quand l'opération est le résultat de la volonté des parties, on suivra la convention arrêtée entre elles, et la règle de l'art. 2279 « en fait de meubles possession vaut titre » quand les choses ne sont ni volées ni perdues, et qu'elles ont été employées de bonne foi. Elles se réfèrent à trois hypothèses : 1º l'adjonction (art. 566-569); 2º la spécification (art. 570-572); 3º le mélange (art. 573-574).

§ 1. *De l'adjonction.*

La règle de cette matière est que la chose accessoire appartient au maître de la chose principale, à la charge par lui d'en payer le prix (art. 566).

Une chose principale est celle à laquelle l'autre n'a été unie que pour l'usage, l'ornement ou le complément (art. 567); ou enfin, si les valeurs sont à peu près égales, celle dont le volume est le plus grand.

Le principe de l'art. 556 souffre exception quand la chose accessoire a plus de valeur que la chose principale (art. 568), comme lorsque mon diamant de 2000 francs a été uni à mon insu ou du moins sans mon aveu à une croix d'or de 50 écus; et quand aucune des choses n'est principale et ne peut être réputée telle, vu l'égalité de valeur et de volume. Dans ce cas, on applique l'art. 573, qui, rapproché des art. 566 et suivants, témoigne que notre Code applique à peu près au cas de mélange les mêmes règles qu'au cas d'adjonction (Marcadé, t. 2, art. 566, n° 2).

Les jurisconsultes romains, d'après la règle : *Necesse est ei rei cedit quod sine illâ esse non potest* (L. 23, § 3, Dig., *De rei vindic.*), regardaient l'écriture comme l'accessoire du papier et la peinture comme l'accessoire de la toile. Mais cette décision, qui était grave à une époque où l'imprimerie n'existait pas encore, est inadmissible aujourd'hui. Il faut donc sans hésitation déclarer l'écriture et la peinture choses principales, et y appliquer les règles que nous venons de développer (Duranton, t. 4, n° 437; Ph. Dupin, *Encycl. du dr.*, v° *Accession*, n° 36; Hennequin, t. 1, p. 357; Demolombe, t. 10, n°ˢ 194 et 195; Pothier, *De la propr.*, n° 173).

§ 2. *De la spécification.*

On appelle en droit spécification la manière d'acquérir par la formation d'une nouvelle espèce avec la matière d'autrui dans l'intention de l'avoir pour soi.

Elle a donné lieu chez les Romains à de vives controverses. Il s'agissait de savoir si la matière l'emportait sur la forme, ou la forme sur la matière. L'école des Sabiniens attribuait la supériorité à la matière, parce que sans matière il ne peut y avoir de forme : d'où il s'ensuit que, d'après elle, la nouvelle espèce appartenait au maître de la matière, sauf à payer le prix du travail. L'école des Proculéiens donnait, au contraire, la supériorité à la forme, parce que, disait-elle, la forme est l'essence même des choses, et par conséquent elle accordait la matière au spécificateur, à la charge de payer le prix de la matière.

Le Code s'est rangé en principe à l'avis des Sabiniens, en le modifiant néanmoins, mais d'une manière plus heureuse que Justinien, qui admit à tort que si la chose peut être ramenée à sa première forme, le maître de la matière est déclaré propriétaire de la nouvelle espèce ; que, si elle ne le peut pas, l'auteur de cette nouvelle espèce en est déclaré le maître. En effet, nous lisons dans les art. 570, 571 et 572, relatifs à cette matière, ce qui suit :

Art. 570. « Si un artisan ou une personne quelconque a employé une matière qui ne lui appartenait pas, à former une chose d'une nouvelle espèce, soit que la matière puisse on non reprendre sa première forme, celui qui en était le propriétaire a le droit de réclamer la chose qui en a été formée, en remboursant le prix de sa main-d'œuvre. »

Art. 571. « Si cependant la main-d'œuvre était tellement importante qu'elle surpassât de beaucoup la valeur de la matière employée, l'industrie serait alors réputée la partie principale, et l'ouvrier aurait le droit de retenir la chose travaillée, en remboursant le prix de la matière au propriétaire. »

Art. 572. « Lorsqu'une personne a employé en partie la matière qui lui appartenait et en partie celle qui ne lui appartenait pas, à former une chose d'une espèce nouvelle, sans que ni l'une ni l'autre des deux matières soit entièrement détruite, mais de manière qu'elles ne puissent pas se séparer sans inconvénient, sa chose est commune aux deux propriétaires en raison, quant à l'un, de la matière qui lui appartenait, quant à l'autre, en raison à la fois et de la matière qui lui appartenait et du prix de la main-d'œuvre. »

Ce dernier article ne parle pas du cas où les matières peuvent se séparer; mais il laisse cependant voir que ce cas est soumis à une règle différente. Cette règle se trouve dans l'art. 573, relatif au mélange, qui traite avec soin des deux alternatives de la même hypothèse; d'où il s'ensuit que notre art. 572 doit s'entendre et s'expliquer par l'art. 573, mais en tant seulement que l'une des matières ne dépasserait pas de beaucoup l'autre; dans le cas où l'une d'elles serait de beaucoup supérieure à l'autre, il faudrait recourir à l'art. 574. De ces observations, comme de celles que nous avons faites plus haut, on peut conclure que les diverses règles portées pour les trois hypothèses de l'adjonction, de la spécification et du mélange, s'expliquent et se complètent les unes par les autres (Demolombe, t. 10, n° 201; Marcadé, art. 572).

§ 3. *Du mélange.*

Les Romains distinguaient la commixtion ou le mélange d'avec la confusion : le mélange était la réunion de choses sèches; la confusion, la réunion de choses liquides (*Inst. de rer. div.*, § 28; L. 5, Dig., *De rei vindicatione*). Cette distinction, qui n'est, d'après Pothier (*De la prop.*, n° 192), qu'une pure subtilité, n'existe pas dans notre Code.

Le mélange confond les choses de manière à ne pouvoir plus être distinguées les unes des autres, contrairement à l'adjonction, qui n'en opère qu'un simple rapprochement. Il se fait, sans industrie et sans travail de l'intelligence, contrairement à la spécification, qui exige un fait industriel de l'homme.

Le législateur applique au mélange la même règle qu'aux deux autres hypothèses, à savoir que l'accessoire suit le principal. Il faut donc voir, pour statuer sur le résultat du mélange, s'il y a un élément principal qui doive attirer tous les autres (Demante, *Prog.*, t. 1, n° 576). Cet élément sera le plus souvent ici la supériorité de qualité, de quantité ou même de volume de l'une des matières, comparativement aux autres (art. 574; Pothier, *De la prop.*, n° 192; Proudhon, *Du domaine privé*, t. 2, n° 627, 628).

Si aucune des matières ne peut être réputée principale, il faut voir si elles sont ou non séparables sans inconvénient; si elles le sont, celui des deux propriétaires dont la matière a été mélangée sans son aveu, peut en demander la divison et reprendre sa chose; s'il n'y a pas de séparation possible, au moins sans inconvénient notable, le résultat du mélange reste commun aux deux propriétaires (art. 573).

Il ne nous reste plus maintenant qu'à expliquer les art. 575, 576 et 577 pour terminer le droit d'accession relativement aux choses mobilières. Ces articles présentent des règles communes aux trois hypothèses, de l'adjonction, de la spécification et du mélange, qui viennent d'être examinées.

Nous avons vu, en parlant des art. 572 et 573, que la chose formée par l'union de diverses matières reste commune aux différents propriétaires, toutes les fois qu'il est impossible de distinguer une chose principale et de les séparer sans inconvénient. La communauté, d'après cela, existerait donc aussi longtemps que la chose elle-même; mais l'art. 575 vient au secours des copropriétaires, en déclarant que la chose doit être licitée au profit commun. Nul, en effet, n'est tenu de rester dans l'indivision (art. 815), d'où l'on peut sortir également par un partage ou par une vente à l'amiable, si les divers propriétaires sont majeurs et maîtres de leurs droits.

L'art. 576, à s'en tenir à la lettre, ne semblerait se référer qu'aux hypothèses de la spécification et du mélange; mais il est certain que le principe qu'il contient est également applicable en cas d'adjonction. Ce principe est que l'acquisition par droit d'accession mobilière n'est pas nécessaire et forcée, et qu'elle n'est, au contraire, que volontaire et facultative. En effet, si vous avez coulé un vase avec mon métal ou mêlé deux hectolitres de mon vin avec un hectolitre du vôtre, je deviens par accession et comme maître de la chose principale propriétaire de l'objet nouveau, à la charge de payer le travail ou le vin. Mais il se peut que je n'aie nul besoin ni du vase, ni du vin, je puis, d'après l'art. 576, abandonner ces choses et me faire rendre des matières de même quantité et qualité que les miennes, ou bien leur valeur en argent. Il est clair maintenant qu'il en serait de même si on avait appliqué à mon habit des broderies qui me sont inutiles; je puis donc, ou les faire enlever, ou les rendre avec l'habit contre remboursement d'une somme avec laquelle je puisse m'en procurer un autre.

Enfin, l'art. 577 dit que ceux qui auront employé des matières appartenant à d'autres et à leur insu, pourront aussi être condamnés à des dommages-intérêts, s'il y a lieu, sans préjudice des poursuites par voie extraordinaire, si le cas y échet. Il faut distinguer ici deux cas:

ou bien celui qui a employé une chose mobilière appartenant à autrui
était de bonne foi, c'est-à-dire qu'il croyait que cette chose perdue ou
volée lui appartenait, et alors il ne sera tenu que de restituer la chose
ou sa valeur ; ou bien il était de mauvaise foi, et alors il peut, en outre,
être condamné à des dommages-intérêts (art. 1382, 1149 et suiv.),
et même poursuivi devant les tribunaux de justice répressive, s'il y a
crime ou délit (Code pénal, art. 379 et suiv).

INSTRUCTION CRIMINELLE.

De l'action civile naissant du délit.

Toute infraction à une loi pénale quelconque, tels que crime, délit ou contravention, porte nécessairement une atteinte plus ou moins grave à l'ordre social et à l'intérêt public, ou un préjudice, un dommage pour un ou plusieurs particuliers.

Cette atteinte est réprimée par deux actions appelées l'une publique ou criminelle, et l'autre civile ou privée. Cette dernière seule rentre dans le plan de notre sujet. Nous allons donc nous occuper successivement : 1° de son objet; 2° des personnes qui peuvent l'exercer; 3° du tribunal qui peut en connaître; enfin, 4° de ses causes d'extinction.

§ 1. *De l'objet de l'action civile.*

L'action civile a pour but la réparation du dommage causé par le délit à la personne qui en a souffert (C. d'instr. crim., art. 1er; C. Nap., art. 1382 et suiv.; C. pénal, art. 10; C. du Brumaire an IV, art. 6). Ce dommage consiste principalement dans l'injure morale causée par le fait même du délit au particulier qu'il a frappé; le dommage pécuniaire, c'est-à-dire la perte qu'il a soufferte dans sa fortune pécuniaire, vient ensuite, mais seulement en seconde ligne.

§ 2. *Des personnes qui peuvent l'exercer.*

Les personnes qui ont été lésées par un crime, un délit ou une contravention, ont seules le droit d'exercer l'action civile.

Ce principe était déjà consacré dans la loi romaine, qui faisait fléchir toutes ses défiances devant l'action privée; aucune déchéance ne l'arrêtait, aucune indignité personnelle ne lui faisait obstacle, sa source unique était le préjudice éprouvé; il fallait donc que l'accusateur justifiât qu'il poursuivait la réparation du dommage qu'il avait souffert de sa propre injure ou de l'injure de ses proches. « *Is qui judicio publico damnatus est, jus accusandi non habet, nisi liberorum vel patronorum suorum mortem eo judicio, vel rem suam exequatur* (lib. 48, tit. 2, *De accusationibus*, Dig., frag. Ulpien). Il se développa avec une grande énergie dans notre ancien droit et passa dans notre droit nouveau. En effet, la loi du 16-20 septembre 1791, tit. 5, art. 1er, porte : « Tout particulier qui se prétendra lésé par le délit d'un autre particulier pourra porter plainte. » Cette disposition est reproduite dans l'art. 93 du Code du 3 brumaire an IV, et dans l'art. 6 du même Code, qui est ainsi conçu : «L'action civile a pour objet la réparation du dommage que le délit a causé; elle appartient à ceux qui ont souffert de ce dommage. » Enfin elle passa dans notre Code actuel d'instruction criminelle, dont l'art. 63 est la répétition de l'art. 94, et l'art. 1er la répétition de l'art. 5 du Code de brumaire.

Il résulte de ces textes que l'admission de la partie civile est entièrement subordonnée à l'intérêt qu'elle apporte aux débats, c'est-à-dire au préjudice qu'elle a souffert par l'effet du délit. C'est ce préjudice qui lui confère son titre et qui fonde son action (arr. cass., 30 janvier 1829; id., 30 juillet 1829; id., 12 avril 1834).

Il importe maintenant de déterminer le caractère et les éléments de ce préjudice; car, quand il s'agit d'attribuer une action en justice, il faut que le dommage qui fait naître cette action soit sérieux et appréciable.

Un premier caractère est qu'il soit personnel à celui qui veut se porter partie civile. Néanmoins, ce préjudice résulte également des délits commis sur une tierce personne, tels que nos domestiques (arr. cass., 14 germinal an XIII; Sirey, XX, 1, 494); ou de l'injure faite au défunt, laquelle rejaillit sur l'héritier et constitue à son égard une injure véritablement personnelle (Carnot, *Comm. du Code pénal*, t. 1, p. 309; Chassan, *Traité des délits de la parole*, t. 1, p. 350).

Il faut distinguer trois cas dans cette dernière hypothèse. Le premier cas est celui où le délit a été la cause de la mort de celui qui l'a souffert. Le droit de demander la réparation n'est pas douteux et appartient : 1° soit à la veuve non remariée, soit au mari, quoique non héritiers; 2° aux enfants légitimes, qui peuvent exercer l'action concurremment avec la veuve ou le mari; 3° aux petits-enfants à défaut d'enfants; 4° aux ascendants; 5° aux frères et sœurs; les plus diligents des trois dernières catégories sont préférés. Quant aux parents plus éloignés, ils ne peuvent agir qu'à la condition d'être héritiers (L. 2, § 8, Dig., *Ad leg. Jul. de adulteris;* Decianus, *Tractatus crim.*, L. 3, cap. 32, n° 7).

Dans le second cas, c'est-à-dire dans celui où le délit a été commis au préjudice du défunt avant sa mort, l'action passe à ses héritiers ou représentants, qu'elle ait été entamée ou non, pourvu qu'il n'existe pas d'acte qui puisse faire supposer la renonciation, si la partie est décédée sans avoir porté plainte.

Enfin, dans le troisième cas, qui est celui où le délit, consistant dans quelque attaque contre une personne, n'a été commis qu'après sa mort, comme l'outrage fait à ses cendres, ou l'injure adressée à sa mémoire, l'action civile n'étant point née à l'époque de l'ouverture de la succession, n'est pas transmise aux héritiers. Il faut donc distinguer si le fait, quelle que soit sa nature, n'a causé de lésion qu'à la mémoire du défunt sans attaquer directement ses héritiers, ou s'il les a personnellement atteints en même temps que leur auteur, comme lorsqu'il entache d'infamie le nom qu'ils portent ou jette le doute sur la légitimité de leur filiation en attaquant la mémoire du père. La première hypothèse ne confère aucune action aux héritiers. Quant à la seconde, elle leur confère le droit de porter plainte, mais seulement en leur nom personnel (arrêt, Bruxelles, 16 fév. 1837; jug. trib. Seine, 19 avril 1826).

Un second caractère est qu'il confère un intérêt direct et un droit actuel à une réparation (arr. cass., 19 juillet 1832; id., 29 août 1834).

§ 3. *Devant quel tribunal elle peut être portée.*

L'art. 3 du Code d'instruction criminelle porte : « L'action civile peut être poursuivie en même temps et devant les mêmes juges que l'action publique. Elle peut aussi l'être séparément; dans ce cas, l'exercice en est suspendu tant qu'il n'a pas été prononcé définitivement sur l'action publique intentée avant ou pendant la poursuite de l'action civile. » Cette indépendance résulte encore de l'art. 2 du même Code, de l'art. 29 de la loi du 26 mai 1819, etc., et a toujours été consacrée par la jurisprudence (arr. cass., 21 déc. 1813; 6 déc. 1808, 12 déc. 1809).

L'action civile étant indépendante de l'action publique, il est évident que la partie à laquelle elle appartient peut en disposer librement. Elle peut donc renoncer à l'exercer en vertu du principe que les juges ne doivent contraindre les plaignants à se rendre parties s'ils ne le veulent faire; transiger sur ses droits, c'est-à-dire renoncer avec rémunération; en faire la cession à un tiers; enfin se désister de la demande qu'elle a formée (Imbert, *Enchiridion*, v° *accusés*). La renonciation, la transaction, la cession de droits, précèdent en général tout acte de poursuite; le désistement, au contraire, ne vient qu'après la poursuite commencée. Ses effets concernent les frais et les dommages-intérêts. Relativement aux frais, le désistement opéré dans les vingt-quatre heures qui courent de la date de l'acte dans lequel les conclusions ont été prises, exime le plaignant de tous les frais faits ultérieurement à la signification (C. d'instr. cr., art. 66). Mais la loi, en l'eximant des frais, ajoute, « sans préjudice des dommages-intérêts des prévenus, s'il y a lieu.» Si donc il est reconnu que la plainte est injuste ou calomnieuse, et s'il en résulte un dommage quelconque pour le prévenu, il est juste que ce dommage soit réparé, et le désistement de la partie, même accompli dans les vingt-quatre heures, ne saurait l'affranchir de la responsabilité qu'elle a assumée pour un mal que ce désistement n'efface qu'en partie.

Mais si la partie lésée exerce son action, elle est libre, aux termes de l'art. 3 du Code d'instruction criminelle ci-dessus cité, de la porter, soit devant la juridiction criminelle, soit devant la juridiction civile. Dans le cas où elle la porte devant la juridiction criminelle, celle-ci n'est compétente qu'autant qu'elle est saisie de l'action principale, c'est-à-dire de l'action publique (Legraverand, *Légis. crim.*, t. 2, p. 272; Carnot, *Comment. sur l'art. 145 du Code d'inst. crim.*). Si donc cette dernière est éteinte ou que le fait qui a produit le dommage n'est pas qualifié par la loi crime, délit ou contravention, la partie lésée ne peut plus porter l'action civile devant la juridiction criminelle.

Cette juridiction une fois choisie, la partie ne peut plus saisir de son action la juridiction civile, surtout si le débat de l'affaire est entamé, ou la plainte suivie d'une ordonnance de non-lieu ou d'un jugement qui déboute la partie de sa demande; et réciproquement si elle porte son action devant la juridiction civile, il lui est défendu de la reporter devant la juridiction criminelle.

L'exercice de l'action civile peut donner lieu à des conséquences assez graves: il peut en résulter ou l'application d'une peine corporelle, lorsque l'accusation est calomnieuse (C. pénal, art. 373), ou des dommages-intérêts, lorsque l'accusation est calomnieuse ou téméraire, ou enfin la condamnation aux frais du procès (C. d'inst. crim., art. 162, 194, 368).

§ 4. *Des causes d'extinction de l'action civile.*

Ces causes sont ou particulières à l'action civile ou communes à l'action publique et à l'action civile.

Les causes particulières à l'action civile et qui n'ont qu'une influence secondaire et exceptionnelle sur l'action publique sont: la renonciation de la partie lésée à son action, la transaction sur les droits, le désistement qu'elle donne de sa plainte, causes dont nous avons parlé plus haut.

Les causes communes aux deux actions sont: la chose jugée et la prescription. Quant au décès du prévenu, il n'éteint pas l'action civile, aux termes de l'art. 2 du Code d'instruction criminelle.

De la chose jugée. — Lorsque la personne qui se prétend lésée par un délit s'est constituée partie civile dans la poursuite à laquelle ce délit a donné lieu, il est évident que le jugement de la juridiction répressive, rendu contradictoirement avec elle, produit à son égard l'exception de la chose jugée (Toullier, t. 10, n° 243; Merlin, *Rép.*, v° *chose jugée*, § 15; Mangin, n° 431; arr. cass., 1er brumaire an XII, Dalloz, *Rép.*, t. 8, p. 454).

Mais lorsque la personne lésée par un délit ne s'est pas constituée partie civile, lorsqu'elle n'a pas figuré dans le procès criminel, quel doit être l'effet du jugement intervenu dans ce procès sur l'exercice de son action?

Cette question a donné lieu à de graves controverses. La jurisprudence a admis comme une règle générale que la chose jugée au criminel a autorité sur le civil, lors même que la partie lésée ne s'est pas portée partie civile au procès criminel. Cette règle est fondée sur ce que, d'après l'art. 3 du Code d'instruction criminelle, l'action publique est évidemment préjudicielle à l'action civile, et que dès lors le jugement qui intervient sur l'une, même en l'absence de la partie privée, ne peut pas ne point avoir l'autorité de la chose jugée sur l'autre (arr. cass., 17 mars 1813; Marcadé, art. 1351; Aubry et Rau, § 612, notes 24 et 39, § 613, note 50; arr. cass., 7 mars 1855, Dev., 1855, 1, 439).

De la prescription. — L'action civile survivait à l'accusation dans le droit romain et pouvait être exercée, quoique le crime fût éteint (Ulp., L. 7, Dig., *De calumn.*)

Dans notre ancien droit, la question de savoir s'il fallait appliquer à cette action la prescription de vingt ans établie pour les crimes ou celle de trente ans en matière civile était fort controversée. La loi du 25 septembre — 6 octobre 1791 n'avait rien statué sur cette prescription. Le Code du 3 brumaire an IV, art. 9 et 10, admit pour l'action publique et l'action civile la prescription de trois ans, si dans cet intervalle il n'avait été fait aucune poursuite, et celle de six ans, si dans les trois ans il avait été commencé des poursuites criminelles ou civiles.

Les art. 637, 638 et 640 du Code d'instruction criminelle soumettent les deux actions à la même prescription à laquelle seulement l'art. 29 de la loi du 26 mai 1819 fait exception; il établit que l'action civile née d'un délit de la presse ne se prescrit que par trois ans lorsque l'action publique se prescrit par six mois.

Les dispositions des articles ci-dessus cités étant générales, il en résulte, ainsi que des art. 2 et 3 du Code d'instruction criminelle, que l'action civile, quoique portée devant les tribunaux civils, se prescrit par le même laps de temps que si elle était portée devant la juridiction répressive. Cette doctrine a obtenu la sanction de la Cour de cassation, qui a décidé que la condamnation, même intervenue sur l'action publique, ne proroge pas au delà du délai de trois ou de six ans l'action en réparation purement civile et ne place pas cette action sous l'application des principes ordinaires du droit civil en matière de prescription (arr. cass., 5 août 1841).

L'action civile cependant n'est frappée par la prescription criminelle qu'autant qu'elle naît d'un fait qualifié crime, délit ou contravention par la loi (arr. cass., 6 juillet 1829). Si elle naît d'un simple fait dommageable rentrant dans les termes de l'art. 1382 du Code Napoléon, elle est soumise à une autre prescription.

La prescription de l'action civile ne change point de nature quand elle court en faveur des héritiers de l'accusé, parce qu'elle est attachée au délit lui-même, et dès lors elle conserve son caractère et sa durée, quelles que soient les personnes auxquelles elle profite (arr. cass., 23 janvier 1822).

Mais les faits qui fondent cette action, lors même qu'ils sont couverts par la prescription, peuvent être invoqués à titre d'exception : Si, par exemple, le fait d'un homicide est imputé au légataire de la personne homicidée, la prescription de dix ans ne serait pas un obstacle à cette exception, parce qu'il est de principe que toute exception dure aussi longtemps que l'action à laquelle elle peut être opposée (Maugin, n° 369).

Vu par le professeur désigné pour
présider l'Acte public,
Strasbourg, le 9 août 1858.
DESTRAIS.

Permis d'imprimer,
Strasbourg, le 10 août 1858.
Le recteur, DELCASSO.